आधा प्यार, आधा जीवन

THE PSYCHOLOGY OF UNUSUAL RELATIONSHIPS WHEN LOVE HEALS HALFWAY AND LIFE FEELS INCOMPLETE

डॉ. सुधाकर दुबे

Made with ♥ on the Notion Press Platform
www.notionpress.com

उन सभी के नाम जो रिश्तों में रहते हुए भी अकेले महसूस करते रहे।

जो ज़्यादा देते रहे कम कहते रहे और खुद कोसबसे आख़िर में रखते रहे।

और उन सभी के लिए जो अब खुद को चुनना सीख रहे हैं।

क्रम-सूची

प्रस्तावना

यह किताब किसी एक कहानी की नहीं, बल्कि उन अनकही कहानियों की है, जो आज के तेज-तर्रार रिश्तों में हर किसी के अंदर चल रही होती हैं।

किसी के पास बहुत सारे "कनेक्शन्स (connections)" हैं, पर फिर भी वो अकेला है।

कोई "सीन (seen)" पर रह गया, कोई "ब्लॉक्ड (blocked)" हो गया, और किसी का रिश्ता "टाइपिंग (typing)..." में ही अटका रह गया।

आज रिश्ता बनाना आसान है, पर निभाना मुश्किल, क्योंकि हम रिश्तों में जुड़ाव (connection) ढूंढ रहे हैं, और राहत "अटेंशन (attention)" में।

"Half Love, Half Life" सिर्फ आधुनिक प्यार (modern love) की कहानी नहीं है,

यह उन मनोवैज्ञानिक भूलभुलैयों (psychological labyrinths) की यात्रा है

जहाँ हम भावनात्मक रूप से जुड़े हुए (emotionally connected) होते हैं

लेकिन मानसिक रूप से अलग (mentally disconnected)।

यह किताब उन रिश्तों की बात करती है,

जो दिखते हैं... पर होते नहीं।

जो आज के समय में बनते हैं

जहाँ प्यार, आत्म-सम्मान (self-respect), लगाव (attachment), आज़ादी (freedom),

उपस्थिति (presence) और अकेलापन (loneliness) — सब एक साथ मौजूद होते हैं।

हर अध्याय में आपको किसी की कहानी मिलेगी।

पर ध्यान रखिए, यह किसी और की नहीं, शायद आपकी भी हो।

इस किताब का मकसद यह नहीं कि आप रिश्तों से भागें,

बल्कि यह समझें कि रिश्तों में रहते हुए खुद को कैसे बचाना है।

क्योंकि जब हम "Half Love" से बाहर निकलते हैं,

तभी असली "Life" शुरू होती है।

भूमिका

यह पुस्तक लेखक के व्यक्तिगत अनुभवों,
(observations)और (psychological understanding) पर आधारित है।
इस पुस्तक में दी गई बातें किसी भी प्रकार की (medical, psychiatric) या (professional therapy) का विकल्प नहीं हैं।
यदि आप गंभीर मानसिक तनाव, डिप्रेशन या (emotional trauma) से जूझ रहे हैं,
तो कृपया किसी (qualified mental health professional) से संपर्क करें।
इस पुस्तक का उद्देश्य जागरूकता, आत्म-चिंतन और (emotional understanding) को बढ़ावा देना है।

1

The Half Connection (आधा जुड़ाव)

आयुष और नेहा, कॉलेज के दिनों के दोस्त थे।
दोनों अलग शहर में रहते थे, लेकिन आज के समय की तरह... डिजिटल दुनिया (digital world) के जरिए जुड़े हुए थे।

सुबह — "गुड मॉर्निंग बेबी (good morning baby)"
दोपहर — "मिस यू (miss you)"
रात — "स्लीप टाइट (sleep tight)"

हर दिन, हर चैट... छोटे-छोटे मैसेज (messages), इमोजी (emoji), स्टेटस (status) —
सब कुछ चलता रहता था।

जब भी कॉल मिलती, तो कम ही मिलती।
जब मिलती, तब भी बातचीत ज्यादा गहरी नहीं होती।

बातें कम, "ऑकवर्ड साइलेंस (awkward silence)" ज्यादा।
दोनों को लगता था कुछ तो missing है... लेकिन क्या?
वो खुद नहीं जानते थे।

यह "Half Connection" की वास्तविक स्थिति है।

जहाँ डिजिटल अंतरंगता (digital intimacy)
वास्तविक अंतरंगता (real intimacy) की जगह ले लेती है।

हम "सीन (seen)", "लाइक (like)" और "रिप्लाई (reply)" से मिलने वाले डोपामिन (dopamine) को प्यार समझ बैठते हैं।

लेकिन यह आनंद (pleasure) धीरे-धीरे
भावनात्मक सुन्नता (emotional numbness) में बदल जाता है।

हम जुड़े रहते हैं... पर वास्तव में जुड़ते नहीं।

कनेक्शन बढ़ते हैं, लेकिन कनेक्टेडनेस घटती है।
और वही डिस्कनेक्ट (disconnect) हमें अंदर से अकेला बना देता है।

वास्तविक जुड़ाव (real connection)
वर्तमान में होने से आता है (presence),
ना कि ऑनलाइन बातचीत (online interaction) से।

"साइलेंस (silence)" अजीब नहीं है,
यह एक दर्पण (mirror) है जो दिखाता है
कि आप खुद से कितने सहज (comfortable) हैं।

कभी-कभी किसी के साथ कुछ ना कहना गलत नहीं होता,
लेकिन हमेशा ऐसा करना ज़रूरी नहीं है।

"डिजिटल माइंडफुलनेस (Digital Mindfulness)" का अभ्यास करें —
कुछ समय खुद के साथ बिताएं, बिना किसी स्क्रीन (screen) के।

? आधुनिक रिश्ते टूट नहीं रहे क्योंकि लोग बात नहीं करते,
बल्कि इसलिए टूट रहे हैं क्योंकि लोग वह महसूस नहीं कर पाते जो वे कहते हैं।

2

Emotional Ghosting (भावनात्मक गायब हो जाना)

नेहा को आज भी याद है वो आखिरी मैसेज (message)।
उसने कुछ ज्यादा नहीं लिखा था, बस इतना ही —

"आज तुम थोड़े अलग लग रहे हो... सब ठीक है?"

डबल टिक (double tick) आ गया...
"सीन (seen)" भी हो गया।
लेकिन रिप्लाई (reply)... नहीं आया।

नेहा ने सोचा — "शायद बिज़ी (busy) होगा।"

एक घंटा बीता... दो घंटे...
रात हो गई।

उसने खुद को समझाया —
"ओवरथिंक (overthink) मत कर, कल रिप्लाई आ जाएगा।"

कल आया...
पर रिप्लाई नहीं आया।

नेहा कंफ्यूज (confused) नहीं थी...
नेहा डर रही थी।

क्योंकि वो रिश्ता खत्म नहीं हुआ था...
ना कोई लड़ाई हुई... ना "गुडबाय (goodbye)" कहा गया।

बस एक इंसान...
जो अचानक भावनात्मक रूप से गायब (emotionally disappear) हो गया था।

Psychological Insight:

इसे कहते हैं — Emotional Ghosting

यह ब्रेकअप (breakup) नहीं होता
क्योंकि अंत साफ नहीं होता।

यह एक धीमा अंत होता है
जहाँ इंसान सामने नहीं छोड़ता,
बल्कि खुद दूर चला जाता है।

Ghosting करने वाले लोग अक्सर
गिल्ट (guilt) महसूस नहीं करना चाहते।

अगर उन्हें स्पष्टता (clarity) देनी पड़े,
तो वो खुद को जिम्मेदार महसूस करेंगे।

Reflection / Healing Takeaway:

साइलेंस (silence) हमेशा परिपक्वता (maturity) नहीं होती।
कभी-कभी यह भावनात्मक कायरता (emotional cowardice) होती है।

जो इंसान बिना बताए चला जाता है,
वो आपकी वैल्यू (worth) तय नहीं करता।

क्लोज़र (closure) हमेशा सामने वाले से नहीं मिलता।
कभी-कभी हमें खुद देना पड़ता है।

3

Love on Screens (स्क्रीन पर प्यार)

पास होते हुए भी बहुत दूर...

Story:

आरती की आदत बन चुकी थी —
रात को सोने से पहले फोन चेक करना (check)।

अलार्म (alarm) से पहले
नोटिफिकेशन (notifications) देखना।

एक खास नाम का इंतज़ार करना।

दिन भर — कॉलेज, काम, लोग...
सब सामान्य (normal)।

लेकिन जैसे ही रात होती,
उसका मन बेचैन (restless) हो जाता।

"लास्ट सीन (last seen) 25 मिनट पहले..."

फिर मैसेज (message):
"क्या तुम अभी फ्री हो?"

11:32 PM
फोन वाइब्रेट (vibrate) हुआ —
वीडियो कॉल (video call)

उसके चेहरे पर मुस्कान आ गई।

लेकिन यह रिश्ता...
सिर्फ स्क्रीन (screen) पर था।

इसे कहते हैं — स्क्रीन-आधारित लगाव (Screen-Based Attachment)

यह रिश्ता कल्पना (imagination) से चलता है।
हम सामने वाले की वास्तविकता (reality) नहीं,
अपनी कल्पना (fantasy) से जुड़ते हैं।

स्क्रीन (screen) हमें नियंत्रण (control) देती है —
हम कब बात करें, कितना दिखाएं, कितना छुपाएं।

लेकिन यही नियंत्रण
अंतरंगता (intimacy) को रोक देता है।

क्योंकि असली जुड़ाव (real connection)
नियंत्रण (control) से नहीं,
उपस्थिति (presence) से बनता है।

और जब उपस्थिति नहीं होती,
तो रिश्ता धीरे-धीरे समझौता (adjustment) बन जाता है।

? "मैं अकेला हूं... बस distracted हूं।"

याद रखें —
आवाज़ (voice) और चैट (chat)
भावनात्मक नज़दीकी (emotional closeness) की गारंटी नहीं हैं।

यदि रिश्ता कॉल (call) के बाद भी
आपको अंदर से खाली (empty) महसूस कराए,
तो वह रिश्ता आपको जोड़ नहीं रहा,
बल्कि धीरे-धीरे तोड़ रहा है।

4

Validation Trap
(स्वीकृति का जाल)

जब प्यार नहीं, मंजूरी चाहिए होती है...

Story (कहानी):

रिया को लोग "कॉन्फिडेंट गर्ल (confident girl)" कहते थे।
स्मार्ट (smart), अच्छी तरह तैयार (well-dressed),
सोशल (social), हमेशा मुस्कुराने वाली (smiling)।

इंस्टाग्राम (Instagram) पर उसकी फोटो पर
अच्छे कमेंट्स (comments) आते थे।

ऑफिस (office) में लोग कहते —
"तुम कितनी सॉर्टेड (sorted) हो यार!"

लेकिन जब वह घर आती,
तो भीतर एक अजीब खालीपन (emptiness) होता।

वह बार-बार खुद से पूछती —
"मैं ठीक हूं ना?"
"मैं पर्याप्त (enough) हूं ना?"

जब भी कोई रिश्ता शुरू होता,
वह अपना सबसे अच्छा रूप (best version) दिखाती।

ज्यादा समझदार (understanding),
ज्यादा caring,
ज्यादा adjust करने वाली।

अगर सामने वाला देर से जवाब देता,
तो वह खुद को busy दिखाती।
अगर सामने वाला दूर जाता,
तो वह और ज्यादा कोशिश (effort) करती।
क्योंकि उसे डर था —
"अगर मैं जैसी हूं, वैसी रही...
तो शायद वह चला जाएगा।"
धीरे-धीरे उसकी खुशी
दूसरों की प्रतिक्रियाओं (reactions) पर टिकने लगी।

Psychological Insight:

इसे कहते हैं — Validation Trap

जब इंसान प्यार से ज्यादा approval (मंजूरी) ढूंढता है,
तो वह खुद को खो देता है।

Validation अस्थायी (temporary) होती है —
थोड़ी देर अच्छा महसूस होता है,
फिर और ज्यादा चाहिए होता है।

और यह चक्र (cycle)
भावनात्मक थकान (emotional exhaustion) बन जाता है।

Reflection / Healing Takeaway:

प्यार पाने के लिए नहीं,
मिलने के लिए हो — जो आपको खुद बनने दे।

अगर आप खुद को बार-बार बदल रहे हैं,
तो आप रिश्ता नहीं, approval (मंजूरी) ढूंढ रहे हैं।

याद रखें —
जो रिश्ता आपको खुद से दूर करे,
वह प्यार नहीं, दबाव (pressure) है।

5

Unusual Bonds (अजीब लेकिन गहरे रिश्ते)

गलत नहीं लगता... पर ठीक भी नहीं लगता।

Story:

अर्जुन शादीशुदा था।

स्थिर नौकरी (stable job),
घर,
रूटीन लाइफ (routine life)।

सब कुछ सामान्य (normal) लगता था।

नेहा उसकी सहकर्मी (colleague) थी।

साथ में लंच (lunch),
साथ में ब्रेक (break),
साथ में शिकायतें (complaints)।

धीरे-धीरे बातें व्यक्तिगत (personal) हो गईं।

“आज तुम थोड़े उदास (upset) लग रहे हो...”
“घर पर सब ठीक है?”

नेहा उसे बिना जजमेंट (judgment) के समझती थी।

दोनों कहते —
“हम सिर्फ दोस्त (friends) हैं।”

कोई फ्लर्टिंग (flirting) नहीं,
कोई ड्रामा (drama) नहीं।

लेकिन...
एक भावनात्मक जुड़ाव (emotional bond) बन गया था।

इसे कहते हैं — Unusual Emotional Bond

यह रिश्ता गलत नहीं लगता
क्योंकि सीमाएं (boundaries) स्पष्ट दिखती हैं।

लेकिन असली सीमा (boundary)
शारीरिक (physical) नहीं,
भावनात्मक (emotional) होती है।

जब आप किसी और से
भावनात्मक सहारा (emotional support) लेने लगते हैं,
तो रिश्ता बदल जाता है।

Reflection / Healing Takeaway:

हर emotional comfort सुरक्षित (safe) नहीं होता।

अगर आपका रिश्ता
आपको किसी और की तरफ ले जा रहा है,
तो वह रिश्ता अधूरा है।

सीमाएं (boundaries)
सिर्फ नियम (rules) नहीं होतीं,
वे मानसिक शांति (mental peace) की रक्षा करती हैं।

6

Sugar Emotions (मीठी लेकिन अस्थायी भावनाएं)

जहाँ रिश्ता comfort से शुरू होता है... और आदत बन जाता है।

Story:

काव्या को पता था
कि यह रिश्ता "नॉर्मल (normal)" नहीं है।

वे हर हफ्ते एक कैफे (café) में मिलते थे।
वही कोना (corner),
वही संगीत (music)।

शुरुआत आसान थी —
डिनर (dinner),
शॉपिंग (shopping),
मदद (help),
सपोर्ट (support)।

कोई ड्रामा (drama) नहीं,
कोई अपेक्षा (expectation) नहीं।

लेकिन धीरे-धीरे...
यह एक आदत (habit) बन गई।

जब वह नहीं होता,
तो खालीपन (emptiness) महसूस होता।
Psychological Insight:
इसे कहते हैं — Sugar Emotional Bond
यह रिश्ता आराम (comfort) देता है,
लेकिन समानता (equality) नहीं।
एक तरफ नियंत्रण (control),
दूसरी तरफ निर्भरता (dependency)।
Reflection / Healing Takeaway:
हर मदद (help)
हीलिंग (healing) नहीं होती।
जो रिश्ता आपको स्वतंत्र (independent) नहीं बनाता,
वह आपको रोक रहा है।
शुरुआत में लगता है —
"At least मुझे कुछ तो मिल रहा है..."
लेकिन धीरे-धीरे
आत्म-सम्मान (self-respect)
चुपचाप कम होने लगता है।
जब care (ख्याल)
एक लेन-देन (transaction) बन जाता है,
तो इंसान खुद को कम आंकने लगता है।
Reflection / Healing Takeaway:
हर मदद (help)
हीलिंग (healing) नहीं होती।
जो रिश्ता आपको स्वतंत्र (independent) नहीं बनाता,
वह आपको रोक रहा है।
अस्थायी आराम (temporary comfort)
अक्सर लंबे समय की खालीपन (long-term emptiness) छोड़ जाता है।
कुछ रिश्ते मीठे (sweet) लगते हैं,
लेकिन इसलिए नहीं कि वे सच्चे हैं,
बल्कि इसलिए कि वे दर्द को
थोड़ी देर के लिए छुपा देते हैं।

याद रखें —
जो रिश्ता आपको खुद से दूर ले जाए,
चाहे कितना भी comfortable हो,
वह छोड़ना पड़ता है।

7

Healing Void (ठीक होने का खालीपन)

सब ठीक लगने लगता है... पर अंदर कुछ खाली रह जाता है।

Story:

रोहित ने सब कुछ "ठीक तरीके से" किया था।

ब्रेकअप (breakup) के बाद
खुद को संभाला (manage)
कम से कम लोगों को बताया।

जिम (gym) जॉइन किया,
मॉर्निंग वॉक (morning walk),
मोटिवेशनल रील्स (motivational reels) शेयर करना।

स्टेटस (status):
"Healing. Growing. Letting go."

लोग कहते —
"भाई, तू strong है!"

लेकिन रातें...
अलग थीं।

फोन हाथ में होता,
पुरानी चैट्स (chats) नहीं खोलता,
लेकिन नए लोगों से बात शुरू कर देता।

कुछ दिनों के लिए अच्छा लगता,
फिर वही खालीपन।

फिर सवाल —
“मैं heal (ठीक) क्यों नहीं हो रहा?”

Psychological Insight:

इसे कहते हैं — Healing Void

जब इंसान दर्द से बाहर तो आ जाता है,
लेकिन उसे process (समझकर जीना) नहीं करता।

वह खुद को busy (व्यस्त) रखता है —
रूटीन (routine), distraction (ध्यान भटकाना)

लेकिन दर्द वहीं रहता है।

तो दिमाग (mind)
उसी पैटर्न (pattern) को दोहराता है।

Reflection / Healing Takeaway:

Busy होना
heal होना नहीं है।

“Strong दिखना”
और “strong होना” अलग चीज़ें हैं।

अगर आप हर बार
नया रिश्ता (relationship) जल्दी शुरू कर देते हैं,
तो शायद आप
खुद से भाग रहे हैं।

खुद से पूछिए —
“क्या मैं किसी को मिस कर रहा हूं,
या खुद से बच रहा हूं?”

Healing तब शुरू होती है
जब दर्द खत्म नहीं होता,
बल्कि जब इंसान
उसे महसूस करना बंद नहीं करता।

8

Mirror of Mind (मन का दर्पण)

हर रिश्ता सामने वाले से ज्यादा,
हमें खुद दिखाता है।

Story:

रीमा पहली बार काउंसलिंग (counselling) रूम में आई थी। बैठते ही उसने एक गहरी सांस ली।

"मुझे समझ नहीं आता...
हर रिश्ता एक जैसा क्यों लगता है?"

"शुरुआत में सब अच्छा लगता है...
फिर मैं जुड़ जाती हूं...
और सामने वाला दूर हो जाता है।"

फिर उसने कहा —
"शायद problem (समस्या) वो नहीं...
मैं हूं।"

Psychological Insight:

इसे कहते हैं — Mirror Effect

रिश्ते अक्सर हमें सामने वाले का सच नहीं, हमारा pattern (पैटर्न) दिखाते हैं।

हम वही लोग चुनते हैं
जो हमारे पुराने घावों (wounds) से मेल खाते हैं।

अगर अंदर abandonment (छोड़े जाने का डर) है,
तो हम emotionally unavailable लोगों की ओर जाते हैं।

Reflection / Healing Takeaway:

हर दर्द
किसी और की गलती नहीं होता।

कभी-कभी रिश्ता इसलिए टूटता है
क्योंकि वह हमें
खुद से मिलवा देता है।

जब तक हम अपना pattern नहीं देखते,
हम कहानी (story) बदल नहीं पाते।

खुद से पूछिए —
“मैं हर बार वही क्यों चुन रहा/रही हूं?”

कुछ लोग हमारी जिंदगी में
सिर्फ इसलिए आते हैं,
ताकि हम अपना
अनदेखा सच देख सकें।

और जिस दिन इंसान
अपने सच को देख लेता है,
उसी दिन
रिश्तों की कहानी बदलने लगती है।

9

Silent Control
(खामोश नियंत्रण)

"मैं तुम्हारे भले के लिए कर रहा/रही हूं..."

Story (कहानी):

रवि को कभी लगा ही नहीं था
कि वह किसी के कंट्रोल (control) में है।

शुरू में सब सामान्य (normal) था।
आरती care (ख्याल) करती थी।

पूछती थी —
"आज ऑफिस (office) कब तक?"
"खाना खाया?"

रवि को अच्छा लगता था।

? Page 27 – (Continuation)

धीरे-धीरे सवाल बदलने लगे —

"आज किसके साथ lunch (लंच) किया?"
"उससे इतनी बातें क्यों करते हो?"

आरती कहती —
"मैं care करती हूं..."

एक दिन उसने कहा —
"मुझे नहीं लगता तुम्हें दोस्तों के साथ इतना time (समय) बिताना चाहिए।"

रवि को अजीब लगा...
पर उसने कुछ नहीं कहा।

धीरे-धीरे उसने खुद को adjust करना शुरू कर दिया।

Psychological Insight:

इसे कहते हैं — Silent Control

यह सीधा control नहीं होता,
यह आदेश (order) नहीं देता,
यह धीरे-धीरे घुसता है।

? Page 28 – (Continuation)

धीरे-धीरे
यह व्यक्ति की autonomy (स्वतंत्रता) खत्म करता है।

आप अपने choices (चुनाव) छोड़ने लगते हैं,
ताकि सामने वाला upset (नाराज़) ना हो।

और जब आप खुद को छोटा करने लगते हैं,
तो रिश्ता बड़ा नहीं होता —
आप गायब होने लगते हैं।

Reflection / Healing Takeaway:

Care और control अलग चीज़ें हैं।

Care आपको सुरक्षित (safe) महसूस कराता है,
Control आपको dependent (निर्भर) बनाता है।

अगर किसी रिश्ते में
आपको बार-बार खुद को explain (समझाना) करना पड़ता है,
तो वह प्यार नहीं, डर (fear) है।

? Page 29 – Chapter 10: When Care Becomes Control

10

When Care Becomes Control (जब ख्याल नियंत्रण बन जाए)

Story:

पूजा को शुरुआत में
सब बहुत safe लगता था।

अमन हर चीज़ का ध्यान रखता था —
"Late मत आना"
"Call करना"

पूजा सोचती
"He cares."

लेकिन धीरे-धीरे...

अगर reply (जवाब) देर से आता,
तो अमन upset हो जाता।

"मुझे anxiety (चिंता) होती है..."

पूजा guilty (दोषी) महसूस करने लगी।

उसने अपनी freedom (स्वतंत्रता)
कम करनी शुरू कर दी।

Psychological Insight:

इसे कहते हैं — Fear-Based Attachment

जब care
anxiety (चिंता) को control करने का तरीका बन जाए,
तो वह healthy (स्वस्थ) नहीं रहता।

ऐसे रिश्तों में —
एक व्यक्ति control करता है,
दूसरा guilt में adjust करता है।

आपकी freedom
किसी और की anxiety की जिम्मेदारी नहीं है।

Healthy care
आपको secure (सुरक्षित) महसूस कराता है,
छोटा नहीं।

अगर किसी रिश्ते में
आप guilt महसूस करते हैं,
तो वह care नहीं है।

11

Emotional Fatigue (भावनात्मक थकान)

जब ज्यादा महसूस करते-करते,
महसूस करना ही थकाने लगे...

Story:

अदिति को याद नहीं था
कि आखिरी बार
वह खुलकर कब रोई थी।

पहले वह छोटी-छोटी बातों पर
संवेदनशील (sensitive) थी।

लेकिन अब...
सब कुछ flat (सपाट) लगने लगा था।

लोग कहते —
"तू strong हो गई है।"

लेकिन अंदर से
वह जानती थी —
यह strength नहीं,
थकान (fatigue) है।

अदिति अब react (प्रतिक्रिया) नहीं करती थी।
ना ज्यादा खुश (happy),
ना ज्यादा दुखी (sad)।

सब कुछ "ठीक" लगता था...
लेकिन कुछ भी सच में महसूस नहीं होता था।

दोस्त पूछते —
"सब ठीक है ना?"

और वह हर बार कहती —
"हाँ, मैं ठीक हूँ।"

लेकिन अंदर...
एक भारीपन (heaviness) था,
जिसे वह खुद भी समझ नहीं पा रही थी।

Psychological Insight:

इसे कहते हैं — Emotional Fatigue

जब इंसान लंबे समय तक
भावनात्मक दबाव (emotional pressure) में रहता है,
तो उसका nervous system (तंत्रिका तंत्र)
खुद को बचाने के लिए
संवेदनाएं (feelings) कम कर देता है।

यह strength नहीं होती,
यह survival mechanism (जीवित रहने की प्रक्रिया) होता है।

हर चीज़ को ignore (नज़रअंदाज़) करना
healing नहीं है।

अगर आप कुछ महसूस नहीं कर पा रहे,
तो इसका मतलब यह नहीं कि आप ठीक हो गए हैं।

कभी-कभी
खुद को फिर से महसूस करना
ही healing की शुरुआत होती है।

? खुद को समय दें,
छोटी-छोटी चीज़ों को महसूस करें —
खुशी (joy), दुख (pain), शांति (peace)।

12

Losing Yourself (खुद को खो देना)

जब रिश्ता इतना बड़ा हो जाए
कि आप खुद छोटे हो जाएं...

Story:

समीर पहले बहुत अलग था —
आत्मविश्वासी (confident),
खुशमिजाज (cheerful),
खुद के फैसले लेने वाला।

लेकिन रिश्ते में आने के बाद
सब बदलने लगा।

वह अपने फैसले
खुद नहीं लेता था।

"तुम क्या सोचती हो?"
"तुम्हें क्या सही लगता है?"

धीरे-धीरे
उसने अपनी पसंद (preferences),
अपने दोस्त (friends),
अपनी आदतें (habits)...
सब बदल दीं।

Psychological Insight:

इसे कहते हैं — Identity Loss

जब इंसान
acceptance (स्वीकृति) पाने के लिए
खुद को बदलने लगता है,
तो वह अपनी पहचान (identity) खो देता है।

रिश्ते में बदलना गलत नहीं है,
लेकिन खुद को खो देना गलत है।

Healthy relationship (स्वस्थ रिश्ता)
आपको grow (विकसित) करता है,
गायब (disappear) नहीं करता।

अगर आपको लगता है कि
आप पहले जैसे नहीं रहे,
तो रुकिए और सोचिए —
"मैंने क्या खो दिया?"

13

Fear of Being Alone
(अकेले होने का डर)

कभी-कभी हम लोगों को इसलिए नहीं पकड़ते
क्योंकि हम उन्हें चाहते हैं,
बल्कि इसलिए क्योंकि
हम अकेले होने से डरते हैं।

Story:

निखिल जानता था
कि यह रिश्ता सही नहीं है।

झगड़े (arguments),
गलतफहमियां (misunderstandings),
दूरी (distance)...

सब कुछ था।

फिर भी वह रुका हुआ था।

दोस्तों ने कहा —
"छोड़ दे यार..."

लेकिन उसके अंदर एक डर था —
"अगर यह भी चला गया...
तो मेरे पास क्या बचेगा?"

इस डर ने उसे
रिश्ते से ज्यादा

अकेलेपन से जोड़ दिया।

Psychological Insight:

इसे कहते हैं Fear-Based Attachment

जब अकेले होने का डर
गलत रिश्ते को पकड़ने की वजह बन जाए।

अकेलापन (loneliness)
हमेशा बुरा नहीं होता।

कभी-कभी
यह आपको खुद से मिलवाता है।

गलत लोगों के साथ रहना
अकेले होने से ज्यादा दर्द देता है।

अगर आप सिर्फ इसलिए रुके हुए हैं
क्योंकि आपको डर लग रहा है,
तो यह प्यार नहीं है।

14

Illusion of Effort (कोशिश का भ्रम)

कभी-कभी हम कोशिश (effort) करते रहते हैं...
लेकिन रिश्ता आगे नहीं बढ़ता।

Story:

सान्या हमेशा मानती थी कि
“अगर मैं और कोशिश करूं,
तो सब ठीक हो जाएगा।”

वह समझती थी,
समझाती थी,
समझौता (compromise) करती थी

हर झगड़े (argument) के बाद
वह ही आगे बढ़कर बात करती।

हर दूरी (distance) के बाद
वह ही पास आने की कोशिश करती।

उसे लगता था —
“यह प्यार है...”

लेकिन धीरे-धीरे
वह थकने लगी।

Psychological Insight:

इसे कहते हैं — One-Sided Effort

जहाँ एक व्यक्ति
रिश्ते को खींचता है,
और दूसरा बस मौजूद (present) रहता है।

Reflection / Healing Takeaway:

रिश्ता
दो लोगों से बनता है।

अगर सिर्फ एक ही कोशिश कर रहा है,
तो वह रिश्ता नहीं,
संघर्ष (struggle) है।

15

Mixed Signals (मिले-जुले संकेत)

कभी पास, कभी दूर...

Story:

कबीर कभी बहुत close (करीब) हो जाता था,
तो कभी अचानक दूर।

एक दिन —
“मैं तुम्हें बहुत मिस करता हूँ...”

दूसरे दिन —
पूरा दिन कोई जवाब नहीं।

रिया समझ नहीं पाती थी —
“यह क्या है?”

वह confuse (उलझन) हो जाती,
overthink (ज्यादा सोच) करने लगती।

Psychological Insight:

Mixed Signals
emotional inconsistency (भावनात्मक अस्थिरता) का संकेत है।

यह आपको जुड़ा भी रखता है,
और असुरक्षित (insecure) भी बनाता है।

Reflection / Healing Takeaway:

Clarity (स्पष्टता)
luxury नहीं,

जरूरत है।

अगर कोई व्यक्ति आपको
बार-बार confuse करता है,
तो वह आपको
clear (स्पष्ट) नहीं करना चाहता।

16

Attachment vs Love (लगाव बनाम प्यार)

लेकिन जब वह दूर जाता,
तो मीरा टूट जाती।

यह प्यार नहीं था...
यह निर्भरता (dependency) थी।

Psychological Insight:

Attachment
डर (fear) से आता है।

Love
स्वतंत्रता (freedom) देता है।

Reflection / Healing Takeaway:

अगर आप किसी के बिना
खुद को अधूरा (incomplete) महसूस करते हैं,
तो यह प्यार नहीं है।

प्यार आपको पूरा (complete) महसूस कराता है,
किसी और के साथ या बिना।

17

Closure Myth (क्लोज़र का भ्रम)

हम हमेशा जवाब (answers) ढूंढते हैं...

Story:

अंकित बार-बार सोचता था —
"उसने ऐसा क्यों किया?"

वह closure (समापन) चाहता था।

लेकिन उसे कोई जवाब नहीं मिला।

धीरे-धीरे उसे समझ आया —
हर सवाल का जवाब
किसी और के पास नहीं होता।

Psychological Insight:

Closure
हमेशा सामने वाला नहीं देता।

Reflection / Healing Takeaway:

कभी-कभी
closure हमें खुद देना पड़ता है।

18

Emotional Availability (भावनात्मक उपलब्धता)

हर कोई प्यार करने के लिए तैयार नहीं होता।

Story:

श्रुति हमेशा ऐसे लोगों को चुनती थी
जो emotionally unavailable (भावनात्मक रूप से अनुपलब्ध) थे।

वह सोचती थी —
“मैं इसे बदल दूंगी...”

लेकिन लोग तब बदलते हैं
जब वे खुद बदलना चाहते हैं।

Psychological Insight:

आप किसी को ready (तैयार) नहीं बना सकते।

Reflection / Healing Takeaway:

प्यार
किसी को बदलने का प्रोजेक्ट (project) नहीं है।

19

Self-Worth (आत्म-मूल्य)

आप जितना खुद को मानते हैं,
उतना ही दूसरों से स्वीकार करते हैं।

Story:

राहुल हमेशा
कम में संतुष्ट (settle) हो जाता था।

क्योंकि उसे लगता था —
"मैं इससे ज्यादा deserve (योग्य) नहीं करता।"

Psychological Insight:

Low self-worth
गलत रिश्तों को आकर्षित (attract) करता है।

Reflection / Healing Takeaway:

आपका मूल्य (worth)
किसी और के व्यवहार (behavior) से तय नहीं होता।

20

Choosing Yourself (खुद को चुनना)

सबसे मुश्किल फैसला...

Story:

रिया ने आखिरकार फैसला लिया —
वह खुद को चुनेगी।

उसने रिश्ता छोड़ा,
लेकिन खुद को पा लिया।

Reflection / Healing Takeaway:

खुद को चुनना
selfish (स्वार्थी) नहीं है,
यह healing है।

Half Love
आपको आधा छोड़ देता है।

लेकिन जब आप खुद को चुनते हैं,
तो आपकी life (जीवन) पूरी हो जाती है।

यह किताब रिश्तों के बारे में नहीं,
आपके बारे में है।

? जब आप खुद को समझ लेते हैं,
तो रिश्ते अपने आप बदल जाते हैं।

? और जब आप खुद को चुन लेते हैं,
तो आधा प्यार (Half Love)
पूरा जीवन (Full Life) बन जाता है।

www.ingramcontent.com/pod-product-compliance
Lightning Source LLC
LaVergne TN
LVHW090336210926
848480LV00004B/1427
9798903925292